처음 시작하는 매니큐어 플라워

hina 공작실 지음 · 안나진 옮김

라의눈

Step 1
매니큐어 플라워의 기본

Step 2
액세서리 만들기

Step 3
액세서리 만들기 <응용 편>

이 책을 볼 때 참고사항

● **완성 사이즈**
액세서리 부품을 포함한 전체 길이를 표시합니다. 모티프 완성 사이즈는 모티프 크기만을 말합니다.

● **재료**
와이어 뒤의 '#숫자'는 와이어 두께를 표시합니다.
C링과 T핀 등의 쇠 장식, 액세서리 부품은 각 작품 당 1개 또는 1세트분의 수량을 표기합니다.
매니큐어는 사진에서 사용하는 색상을 기재합니다. 만들 때 참고하시기 바랍니다.
재료 명칭은 메이커나 판매점에 따라 다를 수 있습니다.

● **만드는 법**
만드는 순서입니다. 재료와 기본 만들기는 8~22쪽을 참고하십시오.

● **포인트**
각각 작품의 포인트가 되는 순서를 사진과 함께 설명합니다.

시작하면서

동그란 모양의 와이어에 매니큐어를 발라 막을 만듭니다.
이 매니큐어 와이어를 조합하는 것만으로 멋진 꽃을 만들 수 있어요.
조금 더 손을 본다면 하트나 별, 반짝이는 물방울, 나비도 만들 수 있어요.

방법만 알면 만들기 어려운 모양도 멋지게 제작할 수 있게 되어
더욱 풍부한 상상력으로 다양한 작품을 만들 수 있습니다.

물론 시중에도 귀여운 액세서리를 많이 팔지만,
나만의 오리지널을 만드는 것이 "핸드메이드"의 장점이죠.

이 책에서 소개하는 작품을 참고하여, 아이디어를 더해
즐겁게 "나만의 액세서리"를 만들어보세요.

hina 공작실

Step 1
매니큐어 플라워의 기본

매니큐어 플라워의 도구와 재료, 테크닉을 소개합니다.
기본을 확실히 마스터하여 예쁜 액세서리를 만들어보세요.

매니큐어 플라워란?

매니큐어 플라워는 꽃잎 모양으로 만든 와이어에 매니큐어를 발라 막을 만들고, 그 꽃잎들을 조합하여 꽃을 만드는 수공예 작품입니다. 꽃잎뿐 아니라 물방울, 하트 등 다양한 모양을 만들 수 있어요. 귀걸이나 목걸이 등 원하는 액세서리로 만들 수 있고, 액자에 붙여 장식하는 등 폭넓게 사용할 수 있는 작품을 만들 수 있답니다.

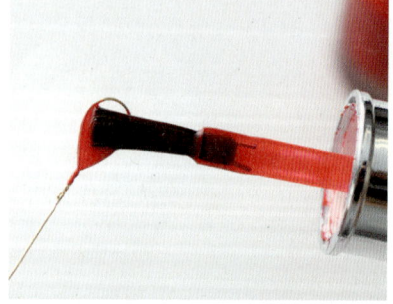
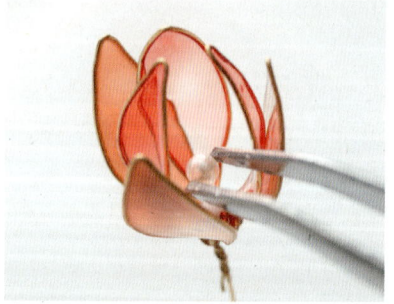

매니큐어 플라워는 "딥아트(아메리칸 플라워로도 불리고 있습니다)"의 방법을 응용했습니다. 그렇지만 필요한 재료는 와이어와 매니큐어뿐이랍니다. 기본적으로 만드는 방법은 ①와이어로 모양을 만든다 ②매니큐어로 막을 만든다 ③액세서리 부품을 단다, 이 3단계로 간단하게 제작합니다.
다 쓰지 못하고 남은 매니큐어를 유용하게 활용할 수 있는데다가, 손쉽게 오리지널 액세서리를 만들 수 있어요.

  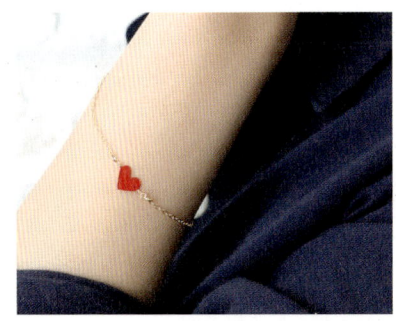

기본 도구

아래 설명을 참고하여 쓰기 편한 것으로 준비하세요.

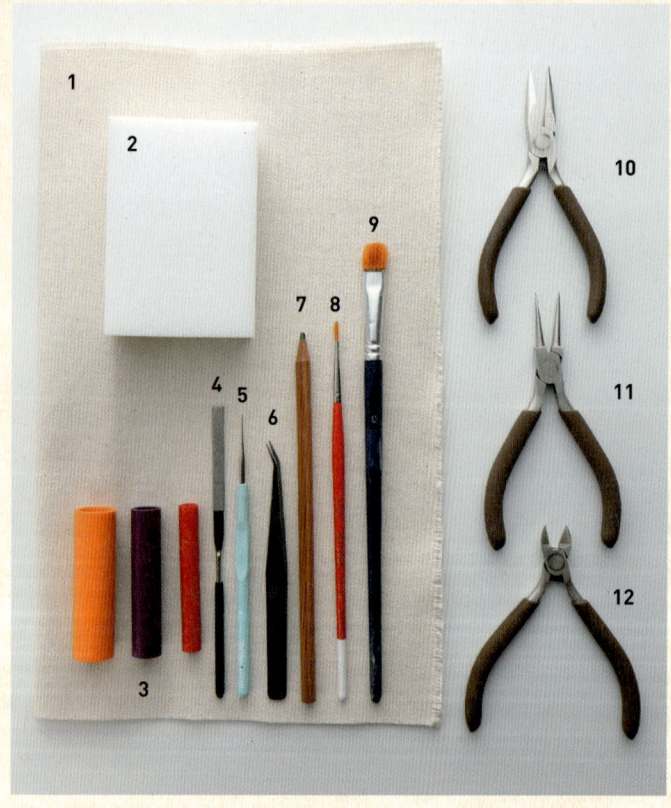

1. **시트** 매니큐어나 접착제로 책상이 더러워지는 것을 방지합니다. 종이를 대신 깔아도 상관없어요.

2. **멜라민 스펀지** 매니큐어를 바른 와이어를 말릴 때 사용합니다.

3. **게이지** 와이어로 꽃잎이나 하트 등 모양을 만들 때 사용합니다. 측면에 와이어를 통과시키는 홈이 있어요. 이 책에서는 딥아트용으로 판매되는 것으로, 주로 지름이 10/15/20mm를 사용했습니다.

4. **줄** 와이어를 자른 후 마감 처리할 때 사용합니다.

5. **송곳** 매니큐어 막에 구멍을 뚫거나, 코튼 펄의 구멍을 넓힐 때 사용합니다.

6. **핀셋** 와이어로 만든 부품을 대에 붙이거나, 꽃수술을 표현하는 비즈 등을 붙일 때 사용합니다.

7·8 **연필·가는 붓** 게이지가 없을 때 대신 사용하거나, 10mm 이하 사이즈의 작은 꽃잎을 만들 때 사용합니다.

9. **붓** STEP 3에서 강화제를 바를 때 사용합니다.

10. **평 펜치** 앞부분이 평평한 펜치. 와이어를 구부리거나 모양을 잡을 때 사용합니다.

11. **둥근 펜치** 앞부분이 둥근 펜치. 와이어를 말아 감거나, 고리를 만들 때 사용합니다.

12. **니퍼** 와이어나 체인을 자를 때 사용합니다.

기본 재료

꽃을 만들 때 필요한 재료를 소개합니다. 매니큐어는 10쪽을 참고하세요.

1 **와이어** 가는 아티스틱 와이어를 사용합니다. 이 책에서는 골드 #30/28/26/22 두께를 사용했습니다. 숫자가 클수록 두께가 가늡니다. 실버를 사용해도 상관없어요.

2 **비즈** 꽃수술용으로 사용합니다. 이 책에서는 골드를 사용했습니다.

3 **꽃수술** 꽃수술로 사용합니다. 아트플라워에서 꽃수술로 사용하는 것으로, 가는 실 양쪽이 동그랗게 마감되어있어요. 매니큐어를 칠해서 원하는 색으로 바꿔도 괜찮습니다.(61쪽 참고)

4 **스팽글** STEP 3 작품에서 사용합니다. 잘게 잘라 막에 붙여 모자이크 효과를 줍니다.

5 **펄** 꽃수술이나 액세서리의 소재로 사용합니다. 이 책에서는 코튼 펄과 담수 펄, 구멍 없는 아크릴 펄을 사용했습니다. 다양한 크기로 준비해두면 편리해요.

6 **스톤 펜던트** 펜던트 형식의 라인스톤으로, 액세서리 재료로 사용합니다. 원하는 색의 스톤을 사용하면 됩니다.

매니큐어

가장 중요한 재료입니다. 원하는 색과 쓰기 쉬운 것으로 준비하세요.

컬러

발색이 좋고, 바르기 쉬운 것을 선택합니다. 막을 만들기 쉽도록 매니큐어 붓이 큰 것을 추천하지만, 원하는 색으로 준비하세요.

탑 코트

컬러로 막을 만든 다음에 발라서 막을 강화하는 역할을 합니다. 와이어 끝을 마감 처리할 때 사용하기도 해요. 매니큐어에 따라 발색이 달라지기 때문에 되도록 매니큐어와 같은 브랜드 제품을 사용하세요.

추천 컬러

핑크 베이지(펄)
섬세한 분위기의 꽃에 사용

레드
하트 만들 때

옐로
꽃수술로도 사용

라이트 그린
잎사귀에 사용

다크 그린
차분한 분위기의 잎사귀에 사용

블루
원이나 이슬 모티프에 사용

라이트 블루
작은 꽃이나 부드러운 분위기를 연출

투명 라메(lame, 얇고 작은 금속박 반짝이-옮긴이)
컬러 위에 덧바를 때 사용

골드(펄)
단색으로 만들면 어른스러운 분위기를 연출

액세서리 부품

액세서리를 만들 때 필요한 부품과 금속장식을 소개합니다.

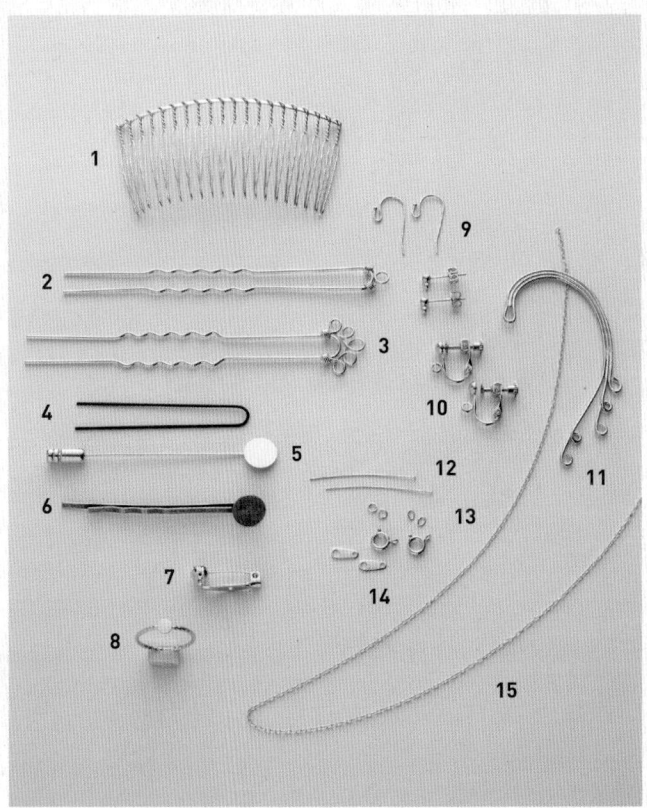

1 **빗핀** 모티프 크기에 맞는 것을 준비하세요.

2·3 **비녀** 모티프 개수에 맞는 형태를 선택하세요.

4 **U핀** 모티프 크기에 맞는 것을 준비하세요.

5 **부토니에 핀 대** 이 책에서는 둥근 대를 사용했습니다.

6 **부착형 실핀** 이 책에서는 둥근 대가 있는 핀을 사용했습니다.

7 **브로치 공핀** 모티프의 크기에 맞는 것을 준비하세요.

8 **반지 대** 이 책에서는 둥근 바가 붙은 반지를 사용했습니다. 자신의 사이즈에 맞는 반지 대를 준비하세요.

9 **피어싱 귀걸이 부품** 이 책에서는 낚시 고리형 훅, 링이 달린 것, 체인 달린 막대 모양까지 사용했습니다.

10 **논 피어싱 귀걸이 부품** 피어싱 귀걸이에서 변형하여 논 피어싱으로도 사용할 수 있습니다.

11 **이어 커프** 귀에 걸어서 사용하는 귀 장식품입니다. 이 책에서는 하단에 링이 달린 것을 사용했습니다.

12 **T핀** 머리 부분이 T자형으로 된 핀입니다. 펄이나 비즈를 끼워 고리를 만들어 부품 등에 연결합니다. 머리 부분이 고리로 된 '9핀'도 사용했습니다.

13 **O링, C링** 모티프를 부품에 달 때 사용합니다. O링은 절개가 있는 둥근 것, C링은 옆에 절개가 있는 타원형입니다.

14 **클래습(잠금 고리, A바)** 목걸이나 팔찌를 만들 때 체인을 연결하는 금속 잠금 장식입니다.

15 **체인(0.3mm)** 본인에게 맞는 길이를 사용하세요.

기본 만들기

와이어로 모양을 만들고 매니큐어로 막을 만드는 법과 이 매니큐어 와이어를 액세서리 부품에 붙이는 방법을 설명합니다. 기본을 잘 숙지하여 "모티프"를 만들어보세요.

와이어로 모양 만들기❶ 1장씩 만들기

가장 간단하고 기본적인 방법으로, 프리핸드로 1장씩 만드는 법입니다.
용도에 따라 남은 와이어로 고리를 만드는 방법(19쪽 참고)과 남은 와이어를 잘라서 대에 붙이는 방법(20쪽 참고)이 있습니다.

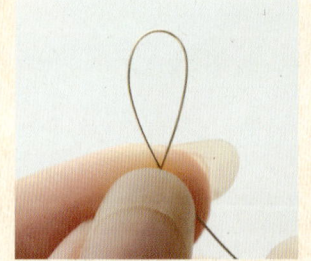

1 원하는 크기로 와이어를 구부리고 끝을 교차한다.

2 고리 부분을 손끝으로 단단히 잡고, 교차된 부분을 평 펜치로 잡아 몇 번 더 꼰다.

3 한쪽 와이어의 끝은 다 꼰 후 남은 부분의 끝을 자른다. 모티프 모양을 다듬는다.

꽃잎을 한 장씩 붙이기 때문에 꽃잎이 여러 장 겹쳐진 꽃을 만들 수 있다.

MEMO 물망초 귀걸이(29쪽 참고), 국화 목걸이(35쪽 참고) 만들 때 사용해요.

게이지에 와이어를 감아서 꼬는 방법입니다. 꽃잎이 겹치지 않아서 막을 만들기 편해요.
꽃잎을 여러 겹으로 겹치면 볼륨감 있는 작품이 됩니다.(22쪽 참고) 많이 꼴수록 꽃잎 간격이 넓어져요.

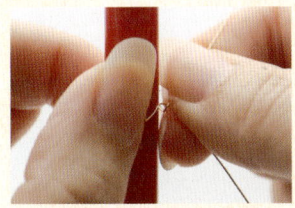

1 게이지에 와이어를 한 바퀴 감고, 감은 부분은 손가락으로 고정하고, 교차한 부분을 몇 번 꼰다.

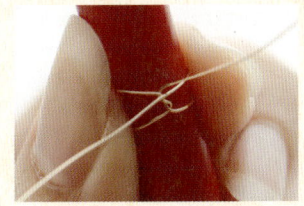

2 다시 한 번 와이어를 게이지에 감아서 사진처럼 와이어를 교차하고, 감은 부분을 손으로 잡고 몇 번 더 꼰다.

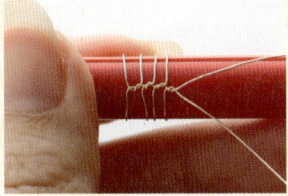

3 만들고 싶은 꽃잎 수만큼 2번 더 반복한다. 다 감으면 몇 번 더 꼰다. 꼰 와이어의 끝부분을 5mm 정도 남기고 자른다.

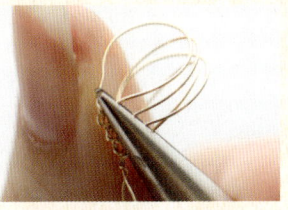

4 꼰 와이어를 게이지에서 뺀다. 꼰 부분의 한쪽을 평 펜치로 잡고 반대쪽을 손가락으로 누르면, 굴곡이 생기면서 꽃잎 모양처럼 만들어진다.

5 한 장씩 꽃잎을 옆으로 벌린다. 꽃의 중심이 되는 와이어가 고리 모양이 되도록 모양을 다듬는다.

6 와이어 끝을 첫 번째 꽃잎과 두 번째 꽃잎 사이에서 교차한다.

7 와이어 끝을 뒤쪽에서 수직으로 나란히 하여 평 펜치로 몇 번 더 꼰 다음 고정한다. 한쪽 와이어 끝은 꼬고 난 끝부분에서 자른다.

MEMO

데이지 귀걸이(25쪽 참고)나 벚꽃 목걸이(37쪽 참고)에 사용해요.

와이어로 모양 만들기❸ 한꺼번에 만들기

만들고 싶은 꽃잎 수만큼 한 번에 감아서 만드는 방법입니다. 꽃잎이 겹쳐져서 매니큐어를 바르기 힘들기 때문에
적은 수의 꽃잎을 만들 때 사용하는 방법입니다. 꽃잎이 모이는 중심 부분을 벌리기 어려울 수 있어요.
만드는 방법을 확실히 익혀두세요.

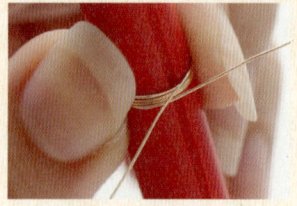

1 게이지에 만들고 싶은 꽃잎 수만큼 와이어를 감고, 와이어를 사진처럼 교차하여 손으로 잘 잡아 몇 번 꼰다.

2 와이어 한쪽을 5cm 정도 남기고 자른다. 자른 와이어를 게이지 홈으로 통과시킨다.

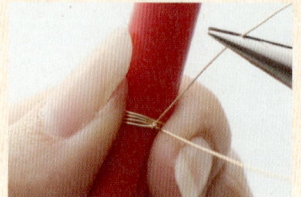

3 홈을 통과시킨 쪽의 와이어를 평 펜치로 단단히 당긴다.

4 끝을 평 펜치로 잡고 몇 번 꼬아 고정한다.

5 고정한 꽃잎 끝을 손끝으로 잘 잡아 게이지에서 뺀다.

6 겹쳐진 와이어를 두 장씩 손가락으로 잡고 가운데를 벌린다.

7 좌우로 겹쳐진 와이어를 각각 위아래로 벌린다. 꽃잎이 모이는 가운데 부분은 되도록 겹치지 않도록 모양을 다듬는다.

=== POINT ===
와이어를 꼴 때 너무 헐렁하면 꽃잎의 크기가 일정하지 않게 되고, 너무 꽉 감으면 와이어가 끊어질 수 있으니 주의하세요.

=== MEMO ===
코튼 펄과 꽃 귀걸이(28쪽 참고), 프레임이 달린 목걸이(35쪽 참고)에 사용해요.

게이지가 없을 때……

게이지가 없거나 10mm 이하 작은 꽃잎을 만들 때는 연필이나 가는 붓으로 게이지를 대신 할 수 있습니다.
붓대는 끝으로 갈수록 가늘어지므로 게이지처럼 홈이 없어도 감은 와이어를 고정하기 편하답니다.
여기서는 붓을 이용하여 한꺼번에 만드는 방법을 소개합니다.

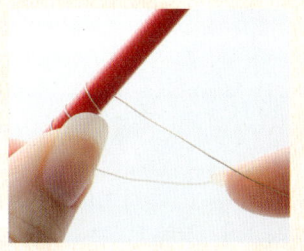

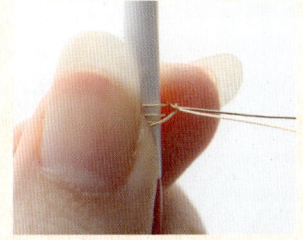

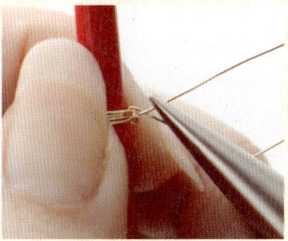

1 붓의 중간 위치에서, 14쪽을 참고하여 와이어를 감아 꽃잎을 고정하여 만든다.

2 손끝으로 잘 잡아 붓의 가는 쪽으로 와이어를 밀어내고, 끝을 5cm 정도 남기고 끝부분을 자른다.

3 평 펜치로 와이어를 잡아 와이어와 붓 사이로 통과시킨다.

4 와이어를 잡아당겨 끝을 몇 번 꼰 후 고정한다. 14쪽을 참고하여 와이어를 빼고 모양을 다듬는다.

— POINT —

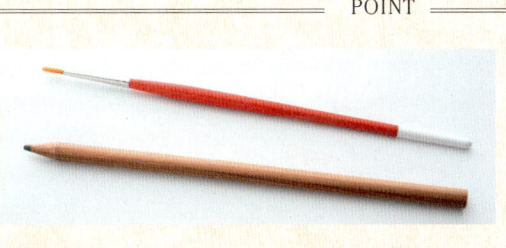

한꺼번에 만드는 방법 외에는 두께가 일정한 것이 좋아요. 목재로 된 게이지 대용품 사용 시 세게 감으면 와이어가 목재에 파고들어서 빠지지 않을 수 있으니 주의하세요.

양 끝 고리 만들기

하트는 인기 있는 모티프입니다. 양옆에 고리를 만드는 방법, 위쪽에 고리를 만드는 방법을 소개합니다. 용도에 맞게 사용하세요.

1 둥근 펜치에 와이어를 2회 감아 작은 고리를 만들고 끝을 꼬아서 고정한다.

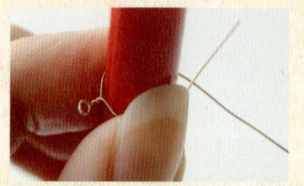

2 게이지에 감아서 고리 반대쪽에서 와이어를 교차하고, 끝을 꼬아서 고정한다. 5cm 정도 남기고 와이어를 꼬고, 끝을 잘라 게이지에서 뺀다.

3 왼손으로 왼쪽 고리를 잡으면서 평 펜치로 와이어 끝을 잡아 안쪽으로 살짝 눌러 와이어가 타원형이 되게 한다.

4 타원형이 된 와이어의 한쪽을 평 펜치로 살짝 집어 하트의 뾰족한 부분을 만든다.

5 하트의 뾰족한 부분 반대쪽 한가운데를 평 펜치 가장자리로 잡고, 안쪽으로 와이어를 구부린다. 반대쪽도 같은 방법으로 한다.

6 구부러져 들어간 가운데 부분을 평 펜치로 살짝 집는다.

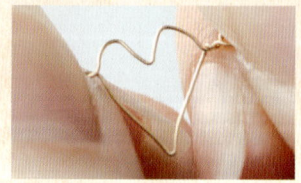

7 양 끝을 손으로 잡고 좌우로 살짝 벌려 하트 모양을 잡는다.

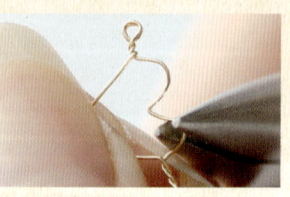

8 하트의 둥근 부분을 평 펜치로 조금씩 잡으면서 둥글게 모양을 다듬는다.

위 고리 만들기

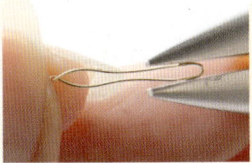 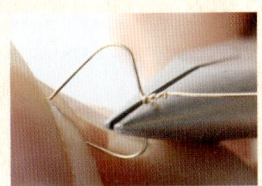  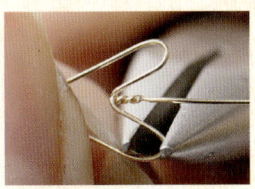

1 게이지에 와이어를 한 번 감아 끝을 꼬아서 고정한다. 끝을 5cm 정도 남기고 와이어를 자르고 게이지에서 뺀다. 꼰 부분을 평 펜치로 잡고, 왼손으로 고리를 살짝 눌러서 평평하게 한 다음, 사진처럼 꼰 부분의 반대쪽을 평 펜치로 살짝 잡는다.

2 꼰 와이어 두 줄을 평 펜치로 잡아 고리를 살짝 벌리고, 꼰 부분의 양쪽을 평 펜치로 살짝 잡아가며 평평하게 한다.

3 고리의 돌출된 양쪽을 왼손 엄지와 검지로 살짝 잡고, 평 펜치로 꼰 부분의 와이어를 잡아 안쪽으로 누른다.

4 평 펜치 끝으로 동그랗게 하트 모양을 다듬는다.

와이어로 모양 만들기❺ 프리핸드로 만들기

별이나 숫자 같은 모티프는 프리핸드로 만듭니다. 여기서는 별 만드는 방법을 소개합니다. 숫자 만드는 방법은 57쪽을 참고하세요.

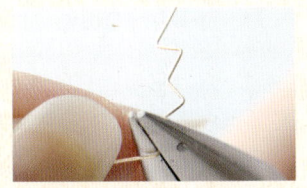  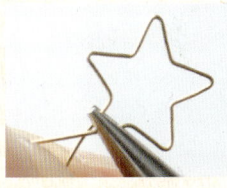

1 와이어를 6cm 정도로 자른다. 평 펜치를 사용하여 와이어 중간부터 지그재그로 꺾는다.(길이가 같도록 평 펜치는 같은 위치에서 잡도록 한다.)

2 6번 정도 꺾으면 와이어의 양 끝이 교차하도록 고리 모양으로 잡고, 지그재그로 구부리면서 별 모양이 되도록 꺾어놓은 부분을 더 꺾는다.

3 5번째 꼭짓점에서 와이어의 양 끝을 교차하고, 평 펜치로 잡아 꼰다. 꼰 부분에서 한쪽 와이어를 자르고 모양을 다듬는다.

매니큐어로 막 만들기

와이어로 모양을 만들었으면 이제 매니큐어로 막을 만듭니다.
막을 잘 만들려면 모티프 폭 전체에 붓이 닿도록 해서 전체를 한 번에 발라야 해요.

1 매니큐어 붓으로 모티프 아래
  에서 위로 바른다.

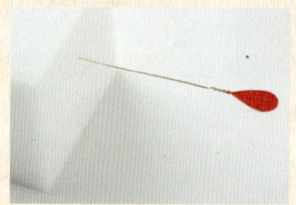

2 멜라민 스펀지에 옆으로 꽂아
  눕혀서 말린다.

3 완전히 마르면 앞뒤로 탑 코
  트를 바르고, 2와 같은 방법으
  로 완전히 말린다.

───── POINT 1 ─────

큰 모티프에 막을 만들 때는 먼저 와이어에 매니큐어를 바른 후,
곧바로 모티프에 전체적으로 바르면 막을 만들기 쉬워요. 모티프 좌우
양 끝에 붓이 닿도록 해서 바릅니다.

───── POINT 2 ─────

다 바른 후 와이어를 세워두면, 매니큐어가 흘러내리면서
그러데이션이 생깁니다. 너무 오래 세워두면 구멍이 생기기 때문에
살짝 마르면 옆으로 눕혀서 말립니다.

부품 달기❶ 와이어로 고리 만들기

매니큐어가 완전히 말랐다면, 이제 액세서리 부품을 붙일 차례입니다. 여기서는 와이어 끝에 고리를 만드는 방법을 소개합니다.
손쉽게, 다양한 부품을 달 수 있어요.

1 와이어의 끝을 둥근 펜치로 잡고, 펜치 모양에 따라 와이어를 구부린다. 양 끝 고리를 만들 때는 처음에 만든 고리와 같은 길이가 되도록 한다.

2 한 번 더 둥근 펜치로 와이어를 감아 고리를 만든다.

3 둥근 펜치로 고리 부분을 잡고, 평 펜치로 와이어를 잡아 끝을 여러 번 감는다.

4 다 감고 와이어를 자른다.

5 완성. 위 고리를 만들 때도 같은 방법으로 고리를 만든다.

6 O링의 절개 부분을 위로 가게 한 다음, 평 펜치로 왼쪽을 잡아 고정한다. 오른쪽 끝을 둥근 펜치로 잡고 바깥으로 비틀 듯 고리를 언다.

7 벌어진 O링에 액세서리 부품과 모티프를 끼우고, 6번과 같은 방법으로 O링의 왼쪽을 잡아 고정하고, 오른쪽을 안으로 비틀어 닫는다. 둥근 펜치로 O링을 잡아 고정하고 평 펜치로 O링의 절개 부분 좌우를 눌러서 틈을 없앤다. O링이 찌그러지지 않도록 주의한다.

대 만들어 붙이기 ◇◇◇

와이어로 대를 만든 후, 만들어놓은 꽃잎을 한 장씩 붙이는 방법을 소개할게요. 초보자라도 쉽게 만들 수 있어요.
물망초 귀걸이(29쪽 참고), 팬지 목걸이(37쪽 참고)에 사용합니다.

1 와이어를 20cm 정도 길이로 자른다. 가운데를 둥근 펜치로 잡고, 2번 정도 와이어를 감아 고리를 만든다. 둥근 펜치에서 와이어를 빼고, 고리 아래 2줄의 와이어를 꼰다.

2 다 꼰 후, 고리에서 1cm 정도 (모티프 크기에 따라 다르다) 아랫부분을 둥근 펜치로 잡아 와이어를 구부린다.

3 둥근 펜치를 빼고 2에서 만든 고리를 향해 꼰 와이어를 뱅글뱅글 감는다. 평평하게 되도록 평 펜치로 눌러가며 감는다.

4 적당한 모티프 크기가 되면, 고리 쪽에 1cm 남겨놓은 와이어를 돌돌 감는다.

5 한 장씩 만든 꽃잎에(12쪽 참고) 매니큐어로 막을 만들어서 말린다.(18쪽 참고) 완전히 마르면 꽃잎 아랫부분의 남은 와이어를 잘라버린다.

6 멜라민 스펀지에 대를 올려놓고, 가운데에 접착제를 발라 꽃잎을 한 장씩 붙인다.

7 먼저 십자 모양으로 꽃잎을 붙이고, 남은 공간에 균형을 맞춰가며 꽃잎을 붙인다.

8 전부 붙이고 나면 모양을 정돈한다. 모티프에 따라 가운데에 꽃수술처럼 비즈 등을 붙인다.

부품 달기❸ 와이어로 고정하기

브로치나 U핀 등의 대에 와이어를 감아 고정하는 방법을 소개합니다.
이때, 한쪽 와이어를 자르지 말고 남겨두세요. 여기서는 브로치로 와이어 고정 방법을 설명합니다.

1 와이어 2줄을 모두 남겨 둔 채로 매니큐어와 탑 코트를 바르고. 비즈로 꽃수술을 붙인다.

2 브로치 공핀의 구멍에 와이어 2줄을 다 통과시켜 좌우로 벌린다.

3 공핀 대 아래에서 위로 와이어 2줄을 감싸 교차하며 꼰다.

4 와이어 끝까지 꼰다.

5 꼰 와이어의 끝을 둥근 펜치로 잡고 구부린다.

6 남은 와이어를 모티프 아래에 몇 번 감는다.

7 감고 난 와이어 끝을 자르고 고리 위치를 바로잡는다. 이 책에서는 고리에 다른 모티프를 달았다.(47쪽 나비 브로치 참고)

POINT

이 책에서 만드는 모티프는 와이어로 만든 고리에 다른 모티프를 달기 때문에 대에 달 때는 와이어를 끝까지 통과하지 않습니다. 용도에 따라 끝까지 통과하는 것도 있어요.

부품 달기❹ 대에 붙이기

마지막으로 기존 액세서리 부품에 모티프를 직접 붙이는 방법을 소개합니다. 귀걸이나 머리핀을 만들 때 자주 사용하는 방법입니다.

1 모티프에 매니큐어와 탑 코트를 바르고 잘 말린 다음, 와이어 끝을 자른다.

2 와이어를 자른 부분은 줄로 다듬는다.(줄이 없을 때는 탑 코트를 발라도 상관없다.)

3 대에 접착제를 바르고 핀셋으로 모티프를 붙인다.

— POINT —

꽃잎 겹치기

꼬아서 만들기(13쪽 참고)로 만든 꽃잎은 몇 겹으로 겹쳐서 사용할 수 있어요. 색이 다른 꽃잎을 겹쳐서 그러데이션을 표현하거나 볼륨감을 낼 수 있습니다.

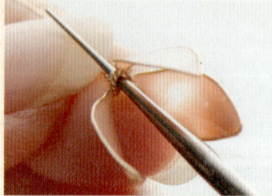

1 매니큐어와 탑 코트를 발라 말린다. 꽃잎의 중심 고리에 매니큐어 막이 생겼을 때는 송곳으로 구멍을 뚫어준다.

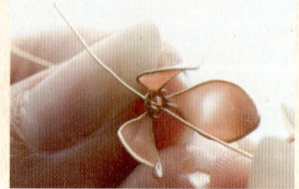

2 1번에서 뚫은 구멍에 다른 모티프의 와이어 줄을 넣어 겹친다.

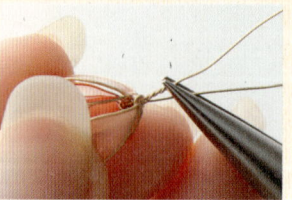

3 꽃잎 중심부의 고리 뒤쪽에서 와이어를 꼬아 고정한다. 꼬고 난 한쪽 와이어를 자른다.

Step 2
액세서리 만들기

매니큐어 플라워의 기본을 배웠다면, 이제 액세서리 만들기에 도전!
귀걸이나 목걸이, 헤어 액세서리 등 다양한 작품을 소개합니다.

데이지 귀걸이

동글동글한 모양의 데이지.
귓가에서 흔들리면 마음도 경쾌해져요.

데이지 귀걸이 (완성 사이즈 약 2cm)

《재료》

와이어 #30, 귀걸이 부품(U자) 한 쌍
매니큐어 – 레드, 블루, 흰색, 살몬 핑크(펄), 레몬옐로, 옐로

《만드는 법》

1 가는 붓에 와이어를 7번씩 꼬아가며 꽃을 만든다.(13쪽 참고) 다른 와이어를 사용하여 프리핸드로 꽃수술을 만든다.

2 18쪽을 참고하여 꽃과 꽃수술에 매니큐어와 탑 코트를 발라 말린다.

3 꽃수술의 남은 와이어를 자르고 만들어놓은 꽃 중앙에 접착제를 발라 붙인다.

4 완전히 마르면 꽃 중앙 뒤쪽에 남은 와이어로 고리를 만든다.(19쪽 참고) 귀걸이 뒤꽂이 금속장식에 연결한다.(금속장식 종류에 따라 O링으로 연결한다.)

(POINT)

꽃수술은 10cm 정도 길이로 자른 와이어를 둥근 펜치로 적당히 감습니다.

꽃 중심부에 접착제를 바르고 꽃수술을 붙입니다.

코튼 펄과 꽃 귀걸이

부드러운 느낌의 코튼 펄에
꽃 한 송이를 얹어주어요.

꽃봉오리와 아침이슬 귀걸이

꽃봉오리와 반짝이는 아침이슬이 귀에서 곱게 흔들립니다.

물망초 귀걸이

작고 귀여운 물망초가
당신을 다정한 사람으로 만들어 줄 거예요.

꽃봉오리와 아침이슬 귀걸이 (완성 사이즈 약 7cm)

《재료》

와이어 #28, 메탈 비즈(대) 4개, 담수 펄 2개, 라운드 펜던트 4개, 구멍 없는 아크릴 펄(2mm) 2개, 체인(3cm) 2줄, T핀·9핀 각 2개, C링 2개, 피어스 부품(막대 모양 훅) 한 쌍
매니큐어-바깥쪽 꽃: 살몬 핑크(펄), 안쪽 꽃: 핑크(투명)

《만드는 법》

1 지름 10mm 게이지에 와이어를 3번씩 꼬아서 꽃을 4송이 만들어 모양을 다듬는다.(13쪽 참고)

2 2개씩 바깥쪽 꽃과 안쪽 꽃으로 나누고, 18쪽을 참고하여 각각 매니큐어와 탑 코트를 발라 말린다.

3 22쪽을 참고하여 바깥쪽 꽃에 안쪽 꽃을 끼워 넣고, 남은 와이어로 꼬아 고정한다. 중앙에 접착제로 구멍 없는 아크릴 펄을 붙인다.

4 꽃 중앙 남은 와이어에 비즈를 끼우고, 뒤쪽에 고리를 만든다.(19쪽 참고) 막대 모양 훅에 체인을 끼우고, 체인 끝에 9핀을 끼운 비즈와 꽃을 단다. 담수 펄에 T핀을 끼우고, 라운드 펜던트와 적당한 간격을 두고 체인에 연결한다. 라운드 펜던트는 C링에 끼워 단다.

POINT

꽃 와이어의 남겨놓은 부분에 비즈를 끼워줍니다. 바깥쪽 꽃과 안쪽 꽃을 고정한 부분을 가리기 위해 큰 비즈를 사용하세요.

코튼 펄과 꽃 귀걸이 (완성 사이즈 약 11cm)

《재료》

와이어 #30, 비즈 또는 구멍 없는 아크릴 펄 2개, T핀 2개, 코튼 펄(10mm) 2개, 비즈캡 2개, 귀걸이 부품(낚시 고리형 훅) 한 쌍
매니큐어-핑크, 오렌지, 크림

《만드는 법》

1 가는 붓을 사용하여 꽃잎 4장을 한 번에 만들어 모양을 다듬는다.(14쪽 참고)

2 18쪽을 참고하여 꽃잎 모티프 4장에 매니큐어와 탑 코트를 발라 말린다. 꽃 중앙에 접착제로 비즈나 펄을 붙인다. 꽃 중심부 뒤쪽에 고리를 만든다.

3 T핀에 코튼 펄과 비즈캡을 끼우고, 고리를 만든다.

4 낚시 고리형 훅에 꽃과 펄을 단다.

POINT

코튼 펄, 비즈캡 순으로 T핀에 끼웁니다.

물망초 귀걸이 (완성 사이즈 약 2cm)

《재료》

와이어 #28. O링 2개, 귀걸이 부품(링이 달린 침형 귀걸이) 한 쌍
매니큐어—라이트 블루, 화이트, 옐로

《만드는 법》

1 프리핸드로 5mm 정도 크기의 꽃잎을 10장 만들고, 다른 와이어로
   꽃수술을 만든다. 20cm 정도 길이로 자른 와이어를 2개 준비하여
   대를 2개 만들어둔다.(20쪽 참고)

2 라이트 블루 매니큐어로 막을 만들어 완전히 말린다. 꽃 중심부로
   향하는 부분의 테두리에 화이트 매니큐어를 발라 말리고, 탑 코트
   를 바른다. 꽃수술에는 옐로를 바른다.

3 꽃잎과 꽃수술의 남은 와이어를 자른다. 접착제로 대 하나에 꽃잎
   을 5장씩 붙인다. 중심에는 꽃수술을 붙인다.

4 낚시 고리형 훅에 꽃과 펄을 단다.

POINT

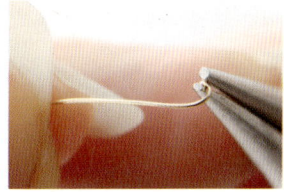

꽃수술은 둥근 펜치로 와이어를 2번 정도 감아서 만듭니다.

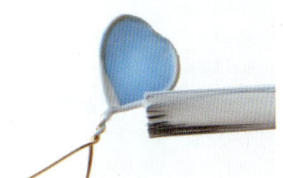

꽃 중심부로 향하는 아랫부분의
테두리는 매니큐어 붓으로 얇게
바릅니다.

반짝반짝 물방울 귀걸이 (완성 사이즈 약 6cm)

《재료》

와이어 #28, C링 2개, 귀걸이 부품(막대 모양 훅) 한 쌍
매니큐어-베이스: 블랙, 블루, 화이트, 마무리: 투명(라메)

《만드는 법》

1   지름 10mm의 게이지에 와이어를 한 번 감아 물방울 모양을 만
든다.

2   베이스 매니큐어로 막을 만들고, 완전히 마르면 앞뒤로 라메가 든
투명 매니큐어로 덧칠한다.

3   탑 코트를 발라 말린 뒤, 남은 와이어로 고리를 만든다.
C링으로 막대 모양 훅에 연결한다.

POINT

와이어를 꼰 부분의 양 옆을 평   베이스 매니큐어가 마르면, 앞뒤
펜치로 눌러 평평하게 한 뒤, 동   에 마무리로 라메가 든 투명 매니
그랗게 모양을 다듬습니다.   큐어를 바릅니다.

반짝반짝 물방울 귀걸이

라메가 든 매니큐어를 덧칠하여
더욱 화려해요.

프린지 귀걸이 (완성 사이즈 약 7cm)

《재료》

와이어 #28, 체인(8cm) 2줄, C링 40개, 귀걸이 부품(낚시 고리형 훅) 한 쌍
매니큐어ー골드(펄)

《만드는 법》

1 프리핸드로 가늘고 긴 모양을 40장 만든다. 적당히 장방형으로 만든 뒤, 살짝 휘어둔다.

2 18쪽을 참고하여 매니큐어와 탑 코트를 발라 말린다. 남은 와이어로 고리를 만든다.

3 체인의 양 끝에 C링으로 모티프를 달고, 체인에 직접 낚시 고리형 훅을 단다.(체인의 구멍이 작아서 끼우기 힘든 경우에는 송곳으로 구멍을 넓힌다.)

4 남은 모티프 18장은 C링을 끼워서 전체적인 균형을 신경 쓰며 체인에 단다.

POINT

낚시 고리형 훅은 체인의 3cm와 5cm 위치에 답니다. 모티프의 흰 모양이 여러 방향을 향하게 하면 더욱 생동감을 느낄 수 있어요.

프린지 귀걸이
작은 모티프를 여러 개 연결하여
우아한 분위기의 귀걸이로.

꽃잎 목걸이
작은 꽃잎이 흔들리면
기분까지 경쾌해져요.

꽃잎 목걸이 (완성 사이즈 약 40cm)

《재료》

와이어 #28, 체인(40cm) 1줄, 클래습(잠금 고리 1개, A바 1개) 1세트, O링
2개, C링 30개
매니큐어-옐로, 퍼플

《만드는 법》

1 프리핸드로 작은 꽃잎을 30장 만든다.

2 18쪽을 참고하여 매니큐어와 탑 코트를 발라 말린다. 남은 와이어
로 고리를 만든다.

3 체인의 양 끝에 잠금 고리와 A바를 각각 O링으로 연결한다. 목걸
이 중심에서 좌우 균형을 맞추면서 C링으로 꽃을 단다.

POINT

중심부터 달기 시작하여 2~3 구멍
간격으로 꽃잎을 답니다.

칼럼

색을 바꿔가며 변화를 준다!

같은 작은 꽃잎 모티프라도 색을 바꾸면 느낌이 확 달라지죠.
31쪽에서 소개하는 프린지 귀걸이는 골드를 사용하여 어른스러운 분위
기로 연출했습니다. 꽃잎 목걸이도 골드로 만들면 전혀 다른 분위기를
연출할 수 있어요. 좋아하는 색으로 변화를 줘보세요.

프레임이 달린 목걸이

금색 프레임에 꽃 한 송이.
차분한 색이 어른스러운 분위기를
연출합니다.

국화 목걸이

작은 꽃잎을 여러 장 겹치면
입체적인 국화 모티프가 됩니다.

프레임이 달린 목걸이 (완성 사이즈 약 40cm)

《재료》

와이어 #30, 비즈 1개, 체인(20cm) 2줄, C링 2개, 스퀘어 프레임
(14.5mm) 1개, 클래습(잠금 고리 1개, A바 1개) 1세트, O링 3개
매니큐어—베이스: 다크 퍼플, 레드, 마무리: 골드(펄)

《만드는 법》

1   가는 붓으로 꽃잎 4장을 한 번에 만들어 모양을 다듬는다.(14쪽
     참고)

2   베이스가 되는 매니큐어로 막을 만들고, 완전히 마르면 꽃 중심부
     에 골드를 그러데이션 하듯 덧칠한다. 탑 코트를 바르고 말린다.

3   꽃 중심부에 접착제로 비즈를 붙이고, 남은 와이어로 고리를 만
     든다.

4   스퀘어 프레임 양 끝에 C링을 달아 체인을 연결한다. 체인 끝에는
     각각 잠금 고리와 A바를 연결한다. 스퀘어 프레임에 3에서 만든
     꽃을 O링으로 단다.

POINT

프레임을 고정할 때는 뒷면에 체
인을 연결한 위치에 접착제를 바
릅니다.

국화 목걸이 (완성 사이즈 약 40cm)

《재료》

와이어 #28, 체인(40cm) 1줄, O링 2개, 클래습(잠금 고리 1개, A바 1개)
1세트, 비즈 2~3개
매니큐어—퍼플(펄), 핑크 베이지(펄), 화이트(펄)

《만드는 법》

1   프리핸드로 꽃잎을 20장 만든다. 안쪽에 들어갈 꽃잎은 점점 작게
     만든다.

2   18쪽을 참고하여 매니큐어와 탑 코트를 발라 말린다. 남은 와이어
     는 자른다.

3   25cm 정도 길이로 자른 와이어로 대를 만들고(20쪽 참고) 2에서
     만든 꽃잎을 접착제로 붙인다.

4   꽃 중심부에 비즈를 2~3개 붙이고, 대 고리에 체인을 연결한다.
     체인 양 끝에 O링으로 잠금 고리와 A바를 연결한다.

POINT

꽃잎을 붙일 때는 안쪽으로 갈수록, 작고 크게 휜 꽃잎을 붙입니다. 대
에 붙이기 전에 꽃잎을 손으로 좀 더 휘면 입체적으로 보이죠.

벚꽃 목걸이

가슴에 벚꽃 한 송이.
온화한 색감이 소녀 감성을 불러일으킵니다.

팬지 목걸이

마치 생화 팬지 같은 모티프입니다.
매니큐어로 산뜻한 꽃잎을 표현했어요.

벚꽃 목걸이 (완성 사이즈 약 40cm)

《재료》
와이어 #28, 비즈 5개, 체인(40cm) 1줄, O링 2개, 클래습(잠금 고리 1개, A바 1개) 1세트
매니큐어-핑크 베이지(펄), 화이트(펄)

《만드는 법》

1 지름 10mm보다 조금 가는 붓으로 5번씩 꼬아가며 꽃을 만들고 모양을 다듬는다.(13쪽 참고)

2 18쪽을 참고하여 매니큐어와 탑 코트를 발라 말린다.

3 꽃 중심부에 접착제로 비즈를 붙이고, 남은 와이어로 고리를 만든다.

4 3에서 만든 고리에 체인을 연결한다. 체인 양 끝에 각각 O링으로 잠금 고리와 A바를 연결한다.

POINT

꽃잎 가장자리 가운데 부분을 평펜치 끝으로 눌러서 섬세하게 모양을 다듬습니다.

팬지 목걸이 (완성 사이즈 약 40cm)

《재료》
와이어 #28, 체인(40cm) 1줄, O링 2개, 클래습(잠금 고리 1개, A바 1개) 1세트
매니큐어-옐로, 오렌지, 다크 퍼플, 퍼플, 블루, 화이트

《만드는 법》

1 프리핸드로 꽃잎을 5장 만들고 살짝 휜다. 꽃잎 1장은 다른 것보다 크게 하트 모양으로 만든다.

2 베이스가 되는 매니큐어로 막을 만들고, 완전히 마르면 중심에 다른 색을 덧칠한다. 탑 코트를 발라 마르면 남은 와이어를 자른다.

3 20cm 정도 길이로 자른 와이어로 대를 만들어둔다.(20쪽 참고) 대에 2에서 만든 꽃을 접착제로 붙인다. 접착제가 마르면 이쑤시개로 꽃수술을 표현할 색의 매니큐어를 중심에 그리듯 바른다.

4 대 고리에 체인을 연결하고, 체인 양 끝에 각각 O링으로 잠금 고리와 A바를 연결한다.

POINT

꽃잎은 먼저 꽃잎 2장과 큰 꽃잎을 좌우로 붙인 뒤, 마지막에 남은 꽃잎을 사이에 붙입니다.

땡땡이 목걸이

단색 모티프로 심플하고
어른스러운 분위기를 연출합니다.

땡땡이 목걸이 (완성 사이즈 약 40cm)

《재료》

와이어 #28, 체인(19cm) 2줄, O링 6개, 클래습(잠금 고리 1개, A바 1개)
1세트
매니큐어-화이트, 블랙

《만드는 법》

1　지름 10mm 이하 가는 붓으로 양쪽에 고리가 있는 작은 원을 3개
　　만든다.(16쪽 참고)

2　18쪽을 참고하여 매니큐어와 탑 코트를 발라 말린다.

3　남은 와이어로 고리를 만들고 각각 O링으로 연결한다.

4　체인, 잠금 고리, A바, 땡땡이 모티프를 O링으로 연결한다.

POINT

매니큐어 색을 다르게 하면 다양한
분위기를 연출할 수 있어요. 좋아하
는 색으로 만들어보세요.

칼럼

땡땡이는 만능 모티프

초보자라도 쉽게 만들 수 있는 땡땡이는 이 책에 다양하게 등장합니다.
49쪽 플란넬 플라워 모자 핀은 3장의 모티프를 겹쳐서 만들었습니다.
펄이 들어간 진한 색의 매니큐어를 사용해 차분한 분위기로 연출했어
요. 51쪽 이니셜 체인 반지는 이니셜 모티프에 화려한 색을 더한 거랍
니다. 단독으로 혹은 다른 모티프와 함께 연출할 수 있는 땡땡이로, 다
양한 작품을 만들어보세요.

파스텔 컬러 머리핀 (완성 사이즈 약 7cm)

《재료》

와이어 #28, 부착형 실핀 1개, 비즈 7~8개
매니큐어-골드(펄), 핑크 베이지(펄)

《만드는 법》

1 프리핸드로 가늘고 긴 꽃잎을 8장 만들어서 모양을 잡아 손으로
   살짝 구부린다.

2 핑크 매니큐어로 막을 만든다. 완전히 마르면 꽃 중심부터 절반
   정도까지만 골드로 덧칠한다.

3 탑 코드를 발라 마르면 남은 와이어를 자른다. 부착형 실핀 대에
   접착제로 꽃잎을 붙이고 중심에 비즈를 붙인다.

$POINT$

사진처럼 꽃잎 끝부분을 살짝 구
부리면 더욱 입체적인 연출이 된
답니다.

파스텔 컬러 머리핀

부드러운 색상의 플라워 모티프.
꽃잎에 색을 더해 섬세한 분위기를 연출합니다.

수선화 머리핀 (완성 사이즈 약 7cm)

《재료》

와이어 #28, 비즈 1개, 부착형 실핀 1개
매니큐어 - 옐로, 오렌지, 화이트(펄)

《만드는 법》

1 지름 10mm 게이지를 사용하여 3번씩 꼬아가며 꽃을 만든다. 같은 꽃을 하나 더 만든다. 꽃수술은 게이지가 아닌 가는 붓에 와이어를 꼬아 4장의 꽃잎을 한 번에 만든다.(14쪽 참고) 각각 모양을 다듬는다.

2 18쪽을 참고하여 매니큐어와 탑 코트를 발라 말린다. 꽃수술은 옐로로 막을 만들고 조금 마르면 테두리에 오렌지를 바른다.

3 탑 코트가 마르면 꽃수술 가운데에 접착제로 비즈를 붙인다. 꽃잎과 꽃수술에 남은 와이어는 자른다.

4 꽃잎, 꽃수술 순으로 부착형 실핀 대에 접착제로 붙인다.

⬭ POINT

꽃잎은 가장자리 부분을 뾰족하게 하고, 꽃수술은 둥근 펜치로 잡으면서 적당히 동그랗게 굴곡을 만듭니다.

수선화 머리핀
겹쳐진 꽃잎이,
진짜 수선화를 매단 것 같아요!

벚꽃 빗핀

살포시 핀 벚꽃을 모은 듯한 느낌으로
화려한 파티에도 손색없어요.

꽃 U핀 비녀

작지만, 존재감 있는 꽃으로
U핀 비녀를 만들었어요.
다양한 색으로 연출해도 좋아요.
(*만드는 방법은 45쪽 참고)

라일락 빗핀

연보라색 라일락과
펄이 어우러지며
청초한 이미지를 만들었어요.

벚꽃 빗핀 (완성 사이즈 약 10cm)

《재료》

와이어 #30, 비즈 적당량, 빗핀(가로 7cm가량) 1개
매니큐어 – 핑크 베이지(펄), 화이트(펄)

《만드는 법》

1 지름 10mm 게이지에 5번씩 꼬아가며 꽃을 만든다.(13쪽 참고) 같은 방법으로 4송이 더 만들고 꽃 모양을 다듬는다.

2 화이트 매니큐어로 막을 만들고 다 마르기 전, 꽃 중심부에 핑크 베이지로 덧칠한다.

3 탑 코트를 발라 말린 후 각각 중심에 2~3개의 비즈를 접착제로 붙인다.

4 전체적인 균형을 봐가며 빗핀에 감아 고정한다.

POINT

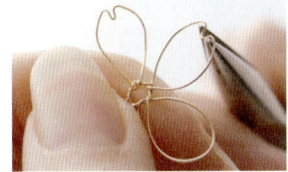 

37쪽의 목걸이와 같은 방법으로 모양을 만듭니다. 꽃잎 가장자리의 패인 모양은 평 펜치로 잡아, 눌러서 만들고 꽃잎 아래쪽은 가늘게 연출하세요.

라일락 빗핀 (완성 사이즈 약 7cm)

《재료》

와이어 #28, #30, 구멍 없는 아크릴 펄(2mm) 3개, 담수 펄 적당량, 빗핀(가로 5cm가량) 1개
매니큐어 – 라이트 퍼플, 투명(라메)

《만드는 법》

1 #28 와이어로 지름 10mm 게이지에 4번씩 꼬아가며 꽃을 만든다.(13쪽 참고) 10mm보다 가는 붓으로 같은 방법으로 작은 꽃을 2송이 더 만든다. 각각 꽃 모양을 다듬는다.

2 퍼플을 발라 막을 만든다. 완전히 마르면 꽃잎 테두리에 라메가 들어간 투명 매니큐어를 덧칠한다. 탑 코트를 바르고 잘 말린다.

3 꽃 중심부에 구멍 없는 아크릴 펄을 접착제로 붙이고, 빗핀에 #30 와이어에 담수 펄을 끼워 감으며 단다.

4 꽃에 남은 와이어로 빗핀에 감아서 고정하고, 필요 없는 와이어는 자른다. 와이어 끝에 접착제를 넉넉하게 발라두어야 머리카락이 걸리지 않는다.

POINT

 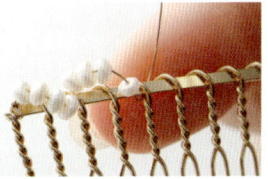

와이어 끝을 빗핀에 감아서 고정하고, 작은 펄을 와이어에 끼워 나선형으로 감습니다. 그 후에 빈틈을 메우듯이 큰 펄을 감아요.

헤어클립

골드와 블랙으로
성숙하면서 화려하게.

헤어클립 <small>(완성 사이즈 약 13cm)</small>

《재료》

와이어 #30, 바나나 핀(검은 색) 1개, 라인스톤 2개
매니큐어-골드

《만드는 법》

1 프리핸드로 고리를 만들고 끝을 몇 번 꼬아 고정한 후, 1cm 정도 간격을 두고 다음 고리를 만든다.(아래 왼쪽 사진 참고) 이 과정을 반복하여 전부 6개의 고리를 만든다. 마지막 고리에서 꼬아 고정시킨 와이어 끝을 자른다. 고리를 잎사귀 모양으로 다듬는다. 같은 방법으로 3개를 더 만든다.

2 연필에 3번씩 꼬아가며 꽃을 만든다. 같은 방법으로 하나 더 만든다.

3 18쪽을 참고하여 매니큐어와 탑 코트를 발라 말린다.

4 잎사귀와 꽃 뒷면에 접착제를 발라 바나나 핀에 붙인 후, 꽃 중심부에 접착제로 라인스톤을 붙인다. 핀 반대쪽도 똑같이 붙인다.

⌢ POINT ⌣

곡선으로 휜 바나나 핀 모양을 따라 모티프의 각도를 정돈하며 붙입니다. 바나나 핀에 대고 힘껏 눌러도 와이어는 잘 휘지 않기 때문에 붙이기 전에 모티프의 전체적인 균형이나 곡선의 모양을 조정합니다.

꽃 U핀 비녀 <small>(완성 사이즈 약 7cm)</small>

《재료》

와이어 #28, 시드 비즈(2mm) 1개, U핀 비녀 1개
매니큐어-크림

《만드는 법》

1 10mm 게이지에 5번씩 꼬아가며 꽃을 만들어 모양을 다듬는다.(13쪽 참고)

2 18쪽을 참고하여 매니큐어와 탑 코트를 발라 말린다. 꽃 중심부에 접착제로 시드 비즈를 붙인다.

3 꽃에 남은 와이어를 U핀 비녀에 감아 고정한다.

⌢ POINT ⌣

꽃에 남은 와이어를 평 펜치로 구부려 놓으면 핀에 감기 편해요. 와이어를 감은 부분은 접착제로 고정해도 좋습니다.

나비 브로치

체인으로 연결한 날개가 흔들리면
마치 나비가 나풀나풀 날아다니는 것 같아요.

나비 브로치 (완성 사이즈 약 7cm)

《재료》

와이어 #28, 시드 비즈(2mm) 1개, 브로치 핀 1개, 체인(3cm) 1줄, O링 2개
매니큐어-골드(펄), 화이트(펄), 실버(펄), 다크 퍼플, 블루, 레드

《만드는 법》

1 지름 15mm 게이지에 꽃잎 만들 듯, 나비 날개 4장을 한 번에 만들어 게이지에서 뺀다.(14쪽 참고) 좌우 2장씩 나눠 벌리고, 각각 안쪽 1장을 위로 벌려서 날개 모양을 만든다.

2 블루 매니큐어로 막을 만들고, 완전히 마르면 앞뒤 면에 골드로 덧칠한다. 탑 코트를 발라 말리고 남은 와이어로 고리를 만든다.

3 지름 10mm 게이지에 4번씩 꼬아가며 꽃을 만든다.(13쪽 참고) 와이어는 길게 남긴다. 프리핸드로 가는 꽃잎을 1장 만든다. 각각 모양을 잡고, 매니큐어와 탑 코트를 발라 말린다. 꽃 중심부에 접착제로 시드 비즈를 붙인다.

4 꽃을 브로치 핀에 붙이고, 남은 와이어로 대 위에 고리를 만든다.(21쪽 참고) O링으로 체인과 나비를 연결한다.

5 따로 만들어 둔 꽃잎으로 브로치 핀을 가리듯이 접착제로 꽃에 덧붙인다.

체인 양 끝에 각각 나비와 브로치 핀에 만든 고리를 O링으로 연결합니다.

브로치 핀에 접착제를 붙이고, 브로치 핀을 가리듯 따로 만들어둔 꽃잎을 붙입니다.

레드나 퍼플을 발라 말린 다음, 골드나 실버를 바를 때는 거친 느낌으로 바릅니다.

플란넬 플라워 모자 핀

확실한 존재감을 보이는 모자 핀.
코트나 재킷에 달아도 예뻐요.

원형 모자 핀

심플한 모양에 알록달록한 컬러로
어떤 모자에도 잘 어울리는 디자인입니다.

플란넬 플라워 모자 핀 (완성 사이즈 약 9cm)

《재료》

와이어 #28, 구멍 없는 아크릴 펄(1.5mm, 2mm) 각 적당량, 부토니에 핀 대 1개
매니큐어-화이트, 모스 그린

《만드는 법》

1 지름 15mm 게이지에 4번씩 꼬아 꽃을 만든다.(13쪽 참고) 같은 방법으로 하나 더 만든다. 가늘고 길게 만들고, 끝은 뾰족하게 한다.

2 화이트를 발라 막을 만든다. 다 마르기 전에 이쑤시개로 꽃잎 가장자리에 모스 그린 매니큐어를 찍어 바른다. 완전히 마르면 탑 코트를 발라 말린다.

3 꽃잎 가장자리 끝에 바른 색과 같은 모스 그린 매니큐어를 종이에 덜어서 아크릴 펄에 바른다.

4 꽃에 남은 와이어는 자르고, 부토니에 핀 대에 접착제로 붙인다. 남은 한 개의 꽃은 먼저 붙인 꽃과 45도 각도로 어긋나게 붙인다. 꽃 중심부에 색을 입힌 펄을 접착제로 붙인다.

$\widehat{POINT}$

모스 그린 매니큐어를 바르고 몇 초 동안 세워두면 자연스럽게 그러데이션 효과를 줄 수 있어요.(왼쪽 사진)
두 가지 색의 매니큐어를 섞어 이쑤시개로 굴리면서 펄에 색을 입힙니다.(오른쪽 사진)

원형 모자 핀 (완성 사이즈 약 8cm)

《재료》

와이어 #22, 부토니에 핀 대 1개
매니큐어-골드 (펄), 블루 (펄), 레드 (펄)

《만드는 법》

1 지름 10mm 게이지로 원을 하나 만들고, 지름 10mm 보다 조금 가는 붓으로 2개의 원을 만든다.

2 18쪽을 참고하여 매니큐어와 탑 코트를 발라 말린다. 남은 와이어는 자르고 줄로 다듬는다.

3 부토니에 핀 대에 접착제를 바르고 큰 모티프부터 순서대로 붙인다.

$\widehat{POINT}$

부토니에 핀 대에 접착제를 넉넉히 발라 3장의 모티프를 살짝 겹치게 붙이면, 모티프가 들뜨지 않아요.

이니셜 체인 반지

와이어로 만든
작은 이니셜을 반지에 올려보세요.

이니셜 체인 반지 (모티프 완성 사이즈 약 1cm)

《재료》

와이어 #28, 체인 적당량, O링, 스톤 펜던트 1개
매니큐어 ─ 오렌지, 핑크, 블루, 화이트, 라이트 그린, 레드

《만드는 법》

1 지름 10mm 정도의 연필을 사용해 양쪽에 고리가 있는 작은 원을 만든다.(16쪽 참고)

2 프리핸드로 이니셜 모티프를 만든다.(포인트 참고)

3 1에서 만든 원에 막을 발라 말린다. 탑 코트를 바르고 이니셜을 붙인다. 마르면 다시 한 번 앞뒤로 탑 코트를 발라 말린다.

4 체인과 O링으로 모티프와 스톤 펜던트를 연결한다.

POINT

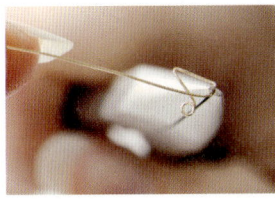 

이니셜에서 꺾어야 할 부분은 평 펜치로 잡아 와이어를 당기듯이 구부립니다.

좁은 부분은 평 펜치로 집어서 모양을 만드세요. 둥근 부분은 둥근 펜치로 감아서 모양을 만듭니다.

═══ 디자인 도안 ═══

디자인 도안은 실제보다 큽니다. 만들 때는 지름 10mm 정도 원에 들어가도록 축소해서 사용해주세요.

미니 별
너클링&핑키링

링 위에 작은 별 모티프를 얹었어요.
겹쳐 끼면 더 예쁘답니다.

미니 별 너클링&핑키링 (모티프 완성 사이즈 약 0.8cm)

《재료》

와이어 #28, 반지 대(3~5호) 1개
매니큐어-옐로, 골드(펄), 블랙

《만드는 법》

1 프리핸드로 별을 만든다.(17쪽 참고)

2 18쪽을 참고하여 매니큐어와 탑 코트를 발라 말린다.

3 남은 와이어를 자르고 줄로 다듬는다. 반지 대에 접착제로 붙인다.

POINT

17쪽을 참고하여 프리핸드로 별을 만듭니다.

탑 코트가 마르면 남은 와이어를 자르고, 자른 부분은 줄로 다듬습니다.(줄로 다듬지 않는다면 탑 코트를 바릅니다.)

반지 대에 접착제를 바르고 모티프를 붙여요.

미니 하트 팔찌

빨간 하트가 시선을 사로잡네요.
미니미니 사이즈의 하트 모티프.

미니 하트 팔찌 (모티프 완성 사이즈 약 1cm)

《재료》

와이어 #28, 체인(7.5cm) 2줄, O링 4개, 클래습(잠금 고리 1개, A바 1개)
1세트
매니큐어—레드

《만드는 법》

1 지름 10mm보다 조금 가는 붓으로 양쪽에 고리가 달린 작은 원을 만든다.(16쪽 참고)

2 하트 모양으로 다듬는다.(16쪽 참고) 18쪽을 참고하여 매니큐어와 탑 코트를 발라 말린다.

3 남은 와이어로 고리를 만들고 O링으로 체인, 잠금 고리, A바를 연결한다.

POINT

체인의 길이를 다르게 해서 발찌로도 만들 수도 있어요. 길이 9.5cm 체인을 준비합니다.

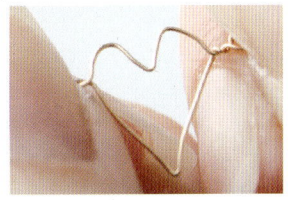 

19쪽을 참고하여 하트 양 끝에 와이어로 고리를 만듭니다.

글라스 마커

컬러풀한 숫자 모티프로
테이블에 화사함을 더하세요.

글라스 마커 (모티프 완성 사이즈 3cm)

《재료》

와이어 #26, 고리 장식용 구슬 체인 1줄
매니큐어–옐로(펄), 오렌지(펄), 그린(펄), 골드(펄), 퍼플(펄), 핑크(펄), 블루(펄), 라이트 그린(펄), 라이트 퍼플(펄), 레드(펄)

《만드는 법》

1   프리핸드로 숫자와 별을 만든다.(포인트 참고)

2   18쪽을 참고하여 매니큐어와 탑 코트를 발라 말린다.

3   남은 와이어로 고리를 만들어 구슬 체인을 연결한다.

* 와이어 모티프를 만들기 어려울 때는 79쪽의 패턴을 참고하세요.

POINT   한 번에 그리듯이 모티프를 만듭니다.

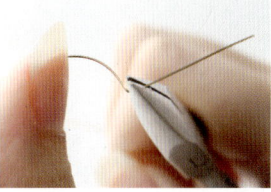

1   숫자 윗부분부터 시작하여 평 펜치로 잡아가며 곡선을 만듭니다.

2   모서리 부분은 평 펜치의 모서리 쪽을 이용하여 잡아서 와이어를 당기면서 구부립니다.

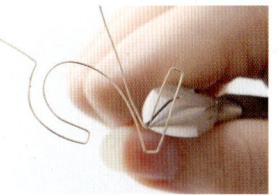

3   좁고 돌출된 부분도 2와 같이 평 펜치로 잡아 와이어를 구부립니다.

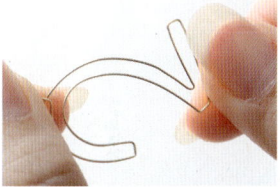

4   시작 지점까지 돌아오면 와이어를 꼬아 고정합니다.

커트러리 바구니

2가지 색의 잎사귀 모티프로 산뜻하게.
손님 접대에 어울려요.

커트러리 바구니 (모티프 완성 사이즈 약 20cm)

《재료》

와이어 #30, 바구니(8cm x 24cm) 1개, 리본(폭2cm) 70cm 정도
매니큐어—그린, 라이트 그린

《만드는 법》

1 프리핸드로 잎사귀 모티프를 만든다.(45쪽 참고) 양 끝 와이어는
   길게 남긴다.

2 18쪽을 참고하여 매니큐어와 탑 코트를 발라 말린다. 2가지 색을
   지그재그로 바른다.

3 바구니에 리본을 두르고 접착제로 여러 곳을 붙여 고정한다.

4 모티프 양 끝 와이어를 바구니의 긴 면에 끼워 고정한다. 모티프
   중간을 와이어로 고정한다.

POINT

프리핸드로 고리를 만들어 끝을 몇 번 꼬아 고정한 후, 다시 다음 고리
를 만듭니다. 이 방법을 반복하여 전부 22장의 잎사귀를 만드세요.

6cm 정도 길이의 와이어를 반으
로 살짝 구부려 모티프의 와이어
에 끼우듯 바구니에 꽂아 통과시
킵니다. 바구니 안쪽, 뒷면에서
꼬아 고정하고 자릅니다.

플라워 리스

매니큐어 플라워로 만든 잎과 꽃이
와이어 리스 위에 만발했어요.

플라워 리스 (완성 사이즈 지름 약 12cm)

《재료》

와이어(리스) #22, 와이어(꽃) #28, 와이어(잎) #30, 꽃수술 적당량
매니큐어－옐로, 핑크(투명), 화이트, 화이트(펄), 레드(투명)

《만드는 법》

1   와이어를 적당히 5번 감아 대가 되는 리스를 만든다.

2   흰 꽃 대 사이즈는 15mm 게이지로 6번씩 꼬아가며 만든다.(13
    쪽 참고) 2송이 만든다. 흰 꽃 중 사이즈는 15mm 게이지로 5번
    씩 꼬아가며 만든다. 빨강과 핑크 꽃은 10mm 게이지로 5번씩 꼬
    아가며 만든다. 각각 모양을 다듬는다. 잎사귀는 프리핸드로 만든
    다.(45쪽 참고)

3   18쪽을 참고하여 매니큐어와 탑 코트를 발라 말린다. 꽃수술에 옐
    로 매니큐어를 바르고 말린 후, 끝부분을 잘라 꽃 중심부에 몇 개
    붙인다. 흰 꽃 대 사이즈는 2장의 꽃을 겹쳐서 와이어로 감아 고정
    한다.(22쪽 참고)

4   전체적인 균형을 보면서 각각의 모티프를 리스에 감아서 고정
    한다.

POINT   리스 대는 프리핸드로 만듭니다.

와이어로 리스를 만들 때는 몇 군
데 와이어로 감아 고정해두면 만
들기 쉬워요.

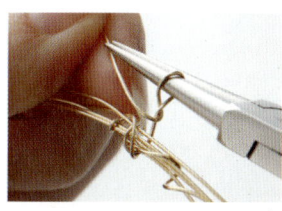

와이어를 다 감으면 둥근 펜치로
리본을 걸 고리를 만듭니다.

핑크(투명)로 막을 만든 후, 뒷면
에 화이트(펄)를 바릅니다.

꽃수술 머리 부분에 옐로 매니큐
어를 바르고, 완전히 마르면 끝을
조금만 남기고 자르세요.

액자 (완성 사이즈 15cm x 10.5cm)

《재료》

와이어 #30, 액자(15cm x 10.5cm) 1개
매니큐어―그린, 퍼플, 라이트 퍼플

《만드는 법》

1. 프리핸드로 잎사귀와 열매 모티프를 만든다.(45쪽 참고) 열매 모티프는 연필이나 붓을 이용하여 2번 감으면 모양이 잘 나온다. 전체 모티프를 6개로 나눠 만들면 액자에 붙이기 편하다.

2. 18쪽을 참고하여 매니큐어와 탑 코트를 발라 말린다. 열매는 퍼플을 바르고 완전히 마르면 라이트 퍼플을 덧칠한다.

3. 액자에 모티프를 배치하고, 전체적인 균형을 맞춰가며 접착제로 붙인다.

POINT
접착제로 붙이기 전에 미리 프레임에 올려서 전체적인 균형을 확인해 두면 좋아요.

액자
친환경 나무 액자에
넝쿨 모티프로 자연스러움을 더했어요.

Step 3
액세서리 만들기 <응용 편>

STEP 3에서는 매니큐어뿐만 아니라
딥액을 사용한 액세서리를 소개합니다.
작품의 폭이 넓어지니 도전해보세요.

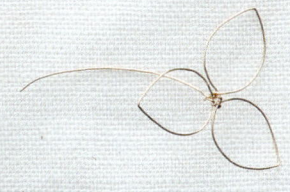

딥아트에 도전 !

이번 장에서는 딥아트에서 사용하는 딥액을 사용하여 만드는 방법을 소개합니다. 딥액으로 막을 만들고 매니큐어로 색을 칠하면, 모티프의 강도가 높아질 뿐만 아니라 매니큐어만으로는 할 수 없었던 작품도 만들 수 있답니다. 만드는 순서는 매니큐어 플라워와 거의 같습니다. 딥액과 강화제만 준비하면 쉽게 시작할 수 있어요.

필요한 도구

딥아트에서 빼놓을 수 없는 재료 2가지를 설명합니다.

딥액

딥아트에서 사용하는 와이어에 막을 만들기 위한 합성수지. 이 책에서는 투명 타입을 사용합니다. 휘발성이므로 사용하지 않을 때는 뚜껑을 잘 닫아두세요.

강화제

딥액으로 만든 막을 강화하는 액체. 수성과 유성이 있으나, 이 책에서는 수성을 사용합니다.

* 딥액과 강화제 이외의 재료는 Step 1에서 소개한 것과 같습니다.
* 딥액과 강화제는 공방이나 온라인 쇼핑몰 등에서 구매하실 수 있어요.
* 딥액이 너무 되거나 굳어버렸을 때는 전용 희석액을 섞으면 다시 사용할 수 있습니다.

=== POINT ===

딥액은 휘발성이 강하기 때문에 반드시 화기에 주의하여 사용하셔야 해요!
꼭 환기가 잘 되는 곳에서 사용해야 합니다.

* 딥아트는 TOHPE 딥아트 협회의 등록상표입니다.

기본 만들기

여기서는 딥액으로 막을 만드는 방법을 소개합니다.
와이어로 모양을 만들고, 조립하는 방법은 같습니다.

1 모양을 낸 와이어를 딥액에 담가 막을 만든다.

2 천천히 꺼내서 꽃잎 사이 등 불필요한 부분에 남은 액을 이쑤시개로 덜어낸다.

3 멜라민 스펀지에 꽂아서 반나절 정도 완전히 말린다.

4 다 마르면 앞뒤 면에 매니큐어를 발라 말린다.

5 앞뒤 면에 바르면 와이어가 가려진다.

6 완전히 마르면 강화제에 담갔다가 천천히 꺼내 말린다.

POINT 2

딥액으로 막을 만든 후, 뒷면만 매니큐어를 바르면 와이어가 가려지지 않고 눈에 띕니다.
원하는 방식으로 만들어 보세요.

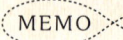 MEMO ⋯⋯ 딥액과 강화제는 반나절 정도 완전히 말리는 것이 중요합니다.

딥액의 장점과 만들 때 포인트

딥액으로 매니큐어 플라워 액세서리를 만들었을 때 여러 가지 장점이 있습니다. 포인트를 확실히 익히고 도전해보세요.

(장점) ● 큰 작품을 만들 수 있다!

매니큐어보다 넓은 면적의 막을 만들 수 있습니다. 더 큰 작품을 만드는 게 가능합니다.

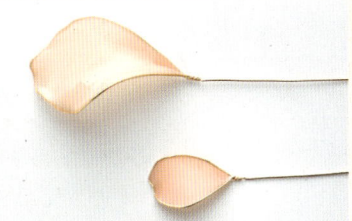

(장점) ● 색상 표현이 다양해진다!

딥액으로 투명한 막을 만들고 나서 색을 바르기 때문에 여러 가지 색을 겹쳐 바르는 게 가능합니다. 더 섬세한 색 표현도 가능하죠.

(POINT)

● 투명만 있으면 O.K!

딥액은 28가지 컬러가 있지만, 매니큐어로 색을 입히기 때문에 투명 하나만 있으면 충분합니다. 투명 딥액만 있으면 어떤 작품이든 만들 수 있습니다.

● 완전히 말리기!

딥액이나 강화제를 바른 후에는 잘 말리는 게 중요합니다. 충분히 마르지 않으면 주름이 생기거나 얼룩질 수 있어요.

매니큐어를 덧칠하거나,
뒷면과 앞면을 다르게 칠하면서,
다양한 방법으로 만들어보세요.

수국 귀걸이

아련하고 부드러운 색상의 꽃잎도
딥액이라면 쉽게 표현할 수 있어요.

애너벨 코튼 펄 이어 훅

와이어 가장자리의 금색과 은은하고 투명한 흰색의
조화로 아름답게.

작은 보라색 꽃 귀걸이

산뜻한 빛깔의 꽃으로
귓가에 포인트를 주세요.

잎사귀 귀걸이

다크 그린과 그레이 베이지로
어른스러운 분위기를 연출합니다.

수국 귀걸이 (완성 사이즈 약 3.5cm)

《재료》

와이어 #28, 비즈 4개, 담수 펄 4개, T핀 4개, 귀걸이 부품(라운드 이어링)
1세트, 시드 비즈(2mm) 4개
매니큐어—화이트(펄)

《만드는 법》

1 지름 10mm 게이지로 4번씩 꼬아가며 꽃을 만든다.(13쪽 참고) 같은 방법으로 4송이 더 만든다. 각각의 꽃 모양을 다듬는다. 꽃잎의 가장자리 끝부분은 뾰족하게 하고 꽃잎이 모이는 부분은 가늘게 한다.

2 66쪽을 참고하여 딥액으로 막을 만든다. 매니큐어를 바르고 강화제를 발라 말린다. 꽃 중심부에 접착제를 발라 비즈를 붙인다. 꽃 중심부에 남은 와이어로 고리를 만든다.

3 담수 펄에 T핀을 걸고 고리를 만든다.

4 귀걸이 부품에 시드 비즈, 꽃, 펄, 꽃, 펄, 시드 비즈 순으로 끼운다.

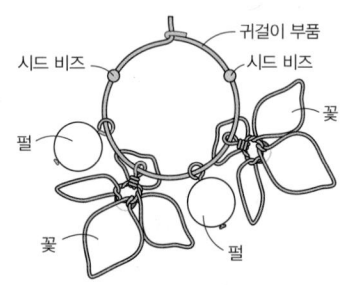

귀걸이 부품
시드 비즈
시드 비즈
꽃
펄
펄
꽃

애너벨 코튼 펄 이어 훅 (완성 사이즈 약 8cm)

《재료》

와이어 #28, 구멍 없는 아크릴 펄(2mm) 5개, 코튼 펄(10mm·샴페인) 2개,
코튼 펄(10mm·화이트) 2개, T핀 4개, O링 1개, 이어 훅 부품 1개
매니큐어—화이트(펄), 라이트 그린

《만드는 법》

1 지름 10mm 게이지로 4번씩 꼬아가며 꽃을 만든다.(13쪽 참고) 같은 방법으로 2송이 더 만든다. 마찬가지로 3번씩 꼬아가며 만든 꽃을 3송이 더 만든다.

2 66쪽을 참고하여 딥액으로 막을 만든다. 매니큐어를 바르고 강화제를 발라 말린다. 꽃 중심부에 라이트 그린을 살짝 칠한다.

3 꽃 중심부에 남은 와이어로 고리를 만든다. 라이트 그린으로 구멍 없는 아크릴 펄에 색을 입히고, 꽃 중심부에 접착제로 붙인다.

4 코튼 펄에 T핀을 걸어 고리를 만들고, 전체적인 균형을 보면서 꽃과 코튼 펄을 이어 훅에 단다. 가장 아래에 O링으로 코튼 펄과 꽃을 연결한다.

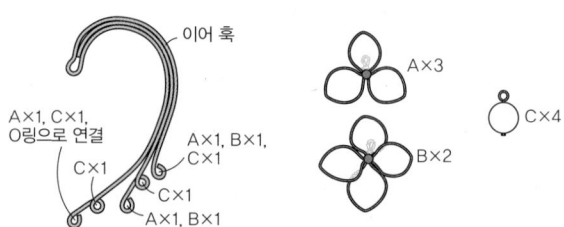

이어 훅
A×1, C×1,
O링으로 연결
C×1
A×1, B×1,
C×1
C×1
A×1, B×1
A×3
B×2
C×4

작은 보라색 꽃 귀걸이 (완성 사이즈 약 4cm)

《재료》

와이어 #28, 비즈 10~12개, 담수 펄 2개, 9핀 2개, O링 2개, 귀걸이 부품(U형) 1세트
매니큐어–퍼플(펄)

《만드는 법》

1 지름 10mm 게이지로 6번씩 꼬아가며 꽃을 만든다.(13쪽 참고) 꽃을 2송이 더 만든다.

2 66쪽을 참고하여 딥액으로 막을 만든다. 매니큐어를 바르고 강화제를 발라 말린다. 꽃 중심부에 접착제를 발라 비즈를 붙인다.

3 꽃 중심부에 남은 와이어로 고리를 만든다. 담수 펄을 9핀에 끼우고 고리를 만든다.

4 귀걸이 부품, 담수 펄, O링, 꽃 순으로 연결한다.

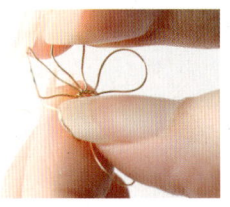

POINT

꽃잎은 손으로 살짝 구부립니다.

잎사귀 귀걸이 (완성 사이즈 약 4cm)

《재료》

와이어 #28, 담수 펄 4개, T핀 4개, 체인(2cm) 2줄, 스톤 펜던트 2개, O링 2개, 귀걸이 부품(링 달린 것) 1세트
매니큐어–그레이 베이지(펄), 다크 그린(펄)

《만드는 법》

1 지름 20mm 게이지로 원을 만들어 잎사귀 모양으로 만든다. 이때, 와이어 한 줄은 끝을 10cm 정도 남겨두고, 잎사귀 중심에 걸어 고정한다. 다른 와이어 한 줄로 고리를 만든다.

2 66쪽을 참고하여 딥액으로 막을 만든다. 매니큐어를 바르고 강화제를 발라 말린다.

3 담수 펄에 T핀을 걸어 고리를 만들고, 체인에 연결한다.

4 잎, 스톤 펜던트, 체인을 O링으로 연결하고, 귀걸이 부품에 단다.

POINT

잎사귀 가장자리를 뾰족하게 만들고, 와이어 한 줄을 뾰족한 부분에 걸어서 감아 고정합니다. 고정하고 남은 부분은 바짝 자르세요.

꽃잎 팔찌

커다란 꽃잎을 팔찌에.
단순하지만 존재감이 확실하죠.

스퀘어 모자이크 팔찌

심플한 스퀘어 디자인으로 시크하게.
스팽글을 흩뿌린 모자이크 스타일.

꽃잎 팔찌 (완성 사이즈 약 17cm)

《재료》

와이어 #28, 담수 펄 3개, T핀 3개, 체인 16cm, O링 2개, 클래습(잠금 고리 1개, A바 1개) 1세트, 스톤 펜던트 3개, C링 3개 매니큐어-레드

《만드는 법》

1 지름 15mm 게이지로 원을 만들어 꽃잎 모양으로 다듬는다.

2 66쪽을 참고하여 딥액으로 막을 만든다. 매니큐어를 바르고 강화제를 발라 말린다. 꽃잎 끝에 남은 와이어로 고리를 만든다.

3 담수 펄은 T핀에 끼우고 고리를 만든다.

4 체인의 양 끝에 각각 O링으로 잠금 고리와 A바를 연결한다. 전체적으로 균형을 맞춰가며 체인에 꽃잎을 단다. C링을 이용하여 스톤 펜던트를 달고, 담수 펄도 단다.

POINT

다양한 색의 꽃잎 모티프를 만들어 두면, 기분에 따라 바꿔가며 즐길 수 있어요.

스퀘어 모자이크 팔찌 (완성 사이즈 약 17cm)

《재료》

와이어 #28, 체인(정사각형용·7.5cm) 2줄, 체인(직사각형용·6.2cm) 2줄, O링 4개, 클래습(잠금 고리 1개, A바 1개) 1세트, 스팽글(흰색·투명) 적당량

《만드는 법》

1 정사각형은 지름 10mm 게이지, 직사각형은 15mm 게이지를 이용하여 양쪽에 고리가 있는 원을 만들어 모양을 다듬는다.(16쪽 참고)

2 66쪽을 참고하여 딥액으로 막을 만든다. 매니큐어를 바르고 강화제를 발라 말린다. 완전히 마르기 전에 잘게 잘라 둔 스팽글을 붙여서 말린다.(같은 방법으로 뒷면에 붙여도 O.K.)

3 강화제를 양면에 바르고, 남은 와이어로 고리를 만든다.

4 체인 양쪽에 각각 O링으로 잠금 고리와 A바를 연결한다.

POINT

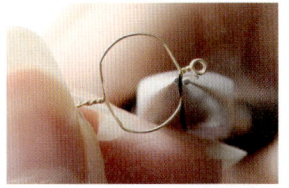 

고리 옆 부분을 평 펜치로 평평하게 집으면서 사각형 모양으로 만듭니다. 폭이 같도록 해야 합니다.(왼쪽 사진) 스팽글은 먼저 손으로 뿌리고, 핀셋으로 빈틈없이 고루 정돈하세요.(오른쪽 사진)

모자이크 하트 목걸이

모자이크 느낌의 커다란 하트는
심플한 셔츠와 잘 어울려요.

모자이크 하트 목걸이 (모티프 완성 사이즈 약 4cm)

《재료》

와이어 #22, 스팽글(핑크) 적당량, 코튼 코드(왁스 바른 것) 원하는 길이

《만드는 법》

1 지름 35mm 게이지로 하트를 만들어 모양을 다듬는다.(17쪽 참고)

2 66쪽을 참고하여 딥액으로 막을 만든다. 매니큐어를 바르고 강화제를 발라 말린다. 완전히 마르기 전에 잘게 잘라 둔 스팽글을 핀셋으로 붙인다.

3 완전히 마르면 양면에 강화제를 바르고, 남은 와이어로 고리를 만든다.

4 3에서 만든 고리에 코튼 코드를 끼운다. 코튼 코드의 끝을 묶어 그대로 목에 걸면 된다.

POINT

강화제는 비교적 빨리 마르므로 스팽글을 붙일 부분만 발라가며 붙입니다.

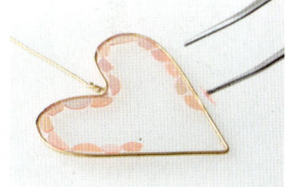

스팽글은 가장자리부터 메우듯 붙이면 예쁘게 만들어져요.

파란 양귀비 비녀

커다란 양귀비 비녀는
전통의상과도 잘 어우러집니다.

《재료》 (완성 사이즈 약 12cm)

와이어 #28, 꽃수술 1개, 구멍 없는 아크릴 펄 20개, 비녀(1링 달린
것·11쪽의 2) 1개
매니큐어-아이보리, 골드, 터쿼이즈 블루

《만드는 방법》

1 지름 25mm 게이지로 3번씩 꼬아가며 꽃을 만든다.(13쪽 참고) 같
   은 게이지로 2번씩 꼬아가며 꽃을 더 만든다. 각각 꽃잎 모양을 정
   돈한다.

2 66쪽을 참고하여 딥액으로 막을 만든다. 뒷면만 매니큐어를 바르
   고 강화제를 발라 말린다. 매니큐어는 일부러 얼룩지도록 바르면
   질감이 살아난다.

3 강화제가 마르면 꽃을 겹쳐서 끝을 꼬아 고정한다.(22쪽 참고)

4 꽃수술 끝을 아이보리로 칠한다. 3mm 정도 심을 남겨두고 잘라
   접착제로 꽃 중심부에 붙인다. 골드로 칠한 아크릴 펄을 꽃수술
   주변에 접착제로 붙인다.

5 비녀의 링 부분에 꽃 부분의 와이어를 감아 고정한다.

(POINT)

꽃을 겹쳐서 고정합니다.(왼쪽 사진) 꽃수술은 꽃을 겹친 중간 부분에 세
워서 걸치듯 붙이세요.(오른쪽 사진)

연꽃과 담수 펄 비녀

흔들리는 꽃잎이 아름다운 작품.
딥액이라 표현 가능한 섬세한 빛깔이에요.

《재료》 (완성 사이즈 약 15cm)

와이어(꽃잎) #28, 와이어(꽃잎 중심선) #30, 담수 펄(대) 1개, 비즈 12개,
비녀(5링 달린 것 · 11쪽의 3) 1개, C링 4개, 체인(4cm · 6cm) 각 1줄씩, T
핀 4개, 담수 펄(중) 1개, 담수 펄(소) 3개
매니큐어-투명 핑크, 화이트(펄)

《만드는 방법》

1   25mm와 20mm 게이지로 각각 5번씩 꼬아가며 꽃을 만든다.(13
    쪽 참고) 같은 게이지로 1장씩 꽃잎을 만든다. 꽃잎 중심에 #30 와
    이어를 걸어 중심선을 단다.(71쪽 참고)

2   66쪽을 참고하여 1딥액으로 막을 만들고 화이트 매니큐어를 바른
    다. 마르면 투명 핑크 매니큐어를 발라 말린다. 강화제에 담갔다
    말린다.

3   작은 꽃잎을 안쪽으로 겹치고, 중심에서 꼬아 고정한다.(22쪽 참고)

4   담수 펄 대 사이즈를 #30 와이어에 끼우고, 꽃 중심부에 끼워 넣
    는다. 3의 중심에서 꼬아서 고정한다. 펄 주변에 접착제로 비즈를
    붙인다.

5   비녀 중앙 링에 꽃을 달고, 와이어로 감아 고정한다.

6   오른쪽 끝에서 2번째 링에 C링으로 4cm 체인과 작은 꽃을 연결
    한다. 오른쪽 끝 링에도 같은 방법으로 6cm 체인과 큰 꽃잎을 연
    결한다. T핀을 끼운 담수 펄 중, 소 사이즈를 전체적인 균형을 맞
    춰가며 체인에 단다.

POINT

6cm 정도로 자른 와이어 끝을 꽃 중심부에 감고, 반대편 끝에 걸어서 한
번 감아 고정합니다. 꽃잎을 약간씩 구부리면 더욱 생동감이 느껴져요.

취급 시 주의사항

매니큐어 플라워 액세서리를 착용하거나 보관할 때 주의점을 소개합니다.

● 보관할 때는 하나씩!

매니큐어를 바른 부분의 막이 서로 붙으면 구멍이 생길 수 있어요. 하나씩 비닐에 넣어 보관하세요.

● 착용 시 충격을 주지 않는다!

매니큐어 플라워로 만든 액세서리는 충격에 약하기 때문에 세게 누르거나 부딪히면 안 됩니다. 특히 팔찌 같은 경우는 가방 손잡이에 걸리지 않도록 주의하세요.

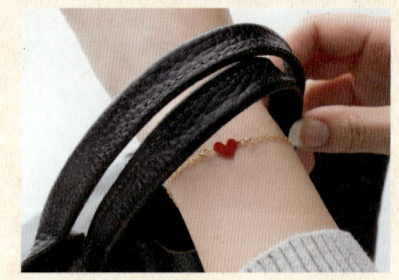

● 건조하지 않도록 주의!

매니큐어를 바른 막은 건조해지면 깨지기 쉽습니다. 액세서리는 꺼내놓은 채로 두지 말고 밀폐된 봉투에 넣어서 보관하세요.

● 반드시 풀어둔다!

어떤 액세서리든 몸에 착용한 채로 생활하지 않는 것이 좋죠. 평상시에는 따로 보관하세요.

와이어 패턴 ◇◇◇

57쪽 글라스 마커의 숫자 모티프는 프리핸드로 만듭니다. 만들기 어렵다면 아래 패턴을 참고하여 만들어보세요.
와이어 시작 부분과 끝부분을 확인하고, 한 번에 그리듯이 모양을 만드세요.

hina 공작실

액세서리 작가. 딥아트를 응용하여 와이어와 수지, 매니
큐어로 액세서리를 제작·판매하고 있다. 크래프트 작품
판매사이트 minne을 운영하는 인기작가.

minne   https://minne.com/hinaworkshop

옮긴이 안나진

오사카예술대학을 졸업했으며 영화, 드라마, 다큐멘터리, 웹툰 등의 한국 문화 콘텐츠를
일본어로 번역하는 일을 하고 있다. 〈M 카운트다운〉 <K-POP 스타헌트〉〈신데렐라 언니〉
〈신의〉 등을 작업했으며, 『처음 시작하는 인형옷 패턴 교과서』 『HANON 하농』 『초딩 남아
사용설명서』 등을 번역하는 등 활자와 영상을 넘나들며 왕성한 활동을 이어가고 있다.

Staff

촬영 ………… 테라오카 미유키
스타일링 ………오이케 나쯔키
헤어메이크 ⸳⸳ Joemi by Un ami(아카이 키보, 오쿠보 히토미, 하나노 미호)
모델 ………… 아와쯔 마이, 이누부시 마이, 오니시 사키
디자인·DTP ⸳⸳ 카이 준코
도판 ………… 사카가와 유미카
편집협력 ⸳⸳⸳⸳ 오메가 사
촬영협력 ...... AWABEES 전화 03-5786-1600
　　　　　　　 BLURHMS(WONDERISM)
　　　　　　　 〒155-0032 도쿄도 세타가야구 다이자와 5-18-1 4층 전화 03-6805-3086
　　　　　　　 P.27 셔츠, P.38·54 네이비 셔츠, P.52 아이보리 니트 카디건, P.72 체크 가운
　　　　　　　 Orfeo
　　　　　　　 〒180-0003 도쿄도 무사시노시 키치죠지미나미쵸 1-8-11 야요이 빌딩 2층 B
　　　　　　　 전화 0422-26-8737
　　　　　　　 P.32 회색 니트, P.46 흰색 니트, 흰 바탕 체크셔츠, P.48 베레모,
　　　　　　　 P.68 모크 넥 니트, P.74 흰색 블라우스

이 책에 소개되어있는 작품을 복제해서 판매하는 행위 (점포판매, 위탁판매, 통신판매, 인터넷 경매
등)는 금지되어 있습니다. 수공예를 즐기기 위해서만 이용해주십시오.

처음 시작하는
매니큐어 플라워

초판 1쇄 2017년 5월 1일

지은이 hina 공작실　　**펴낸이** 설응도
옮긴이 안나진　　　　**펴낸곳** 라의눈

편집주간 안은주　　　**기획위원** 성장현
편집장 최현숙　　　　**마케팅** 이종진
디자인 김현미　　　　**경영지원** 설효섭·설동숙

출판등록 2014년 1월 13일(제2014-000011호)
주소 서울시 서초구 서초중앙로29길 26(반포동) 낙강빌딩 2층
전화번호 02-466-1283
팩스번호 02-466-1301
e-mail 편집 editor@eyeofra.co.kr | 경영지원 management@eyeofra.co.kr
　　　　　 영업·마케팅 marketing@eyeofra.co.kr

ISBN 979-11-86039-77-9 (13630)

* 잘못 만들어진 책은 구입하신 서점에서 교환해드립니다.
* 책값은 뒤표지에 있습니다.

◇ 당신은 언제나 옳습니다. 그대의 삶을 응원합니다. ── **라의눈 출판그룹**